루미곰의
# 스웨덴어 여행회화, 단어

꿈그린 어학연구소

루미곰의 스웨덴어 여행회화, 단어

**발 행** 2020년 06월 02일
**저 자** 꿈그린 어학연구소
**일러스트** Nuri Chloe Kwon
**펴낸곳** 꿈그린
**E-mail** kumgrin@gmail.com


**ISBN** 979-11-966734-4-4

# 루미곰의 스웨덴어
# 여행회화 · 단어

꿈그린 어학 연구소

# 머 리 말

　이 책은 스웨덴 체류 시 필요한 단어와 회화를 상황별로 정리한 스웨덴어 기초 여행 회화, 단어장입니다.

　비록 스웨덴이 영어가 잘 통하는 나라가 할지라도, 해외를 여행하면서 외국어로 몇 마디 현지인과 대화를 나누는 것만큼 뜻 깊은 경험도 없을 것입니다.

　스웨덴어는 영어를 비롯한 유럽어와 비슷하므로 간단한 의사 표현과 중요 단어를 숙지할 수 있다면 어려움 없이 스웨덴인들과 기초적인 의사소통을 할 수 있을 것입니다.

　특히 이 책은 필수 여행 회화부터 기타 생활 속 표현을 중심으로 약 천여 개의 중요 문장 표현과 단어를 테마 별로 정리하는데 중점을 두었습니다. 문법적인 설명은 스웨덴어 기초 문법, 회화 책인 '루미곰의 기초 스웨덴어'를 참조하시기 바랍니다.

　이 책을 통하여 많은 스웨덴 여행자들이 쉽게 스웨덴어를 익히고 스웨덴 여행에 재미를 더할 수 있기를 바랍니다.

2020 년 05 월
꿈그린 어학연구소

# 차 례

예.

**Ja.**

야


아니요.

**Nej.**

네이


~하고 싶어요. / ~를 원해요.

**Jag vill... / Jag skulle vilja ha....**

야 빌 / 야 스쿨레 빌야 하


~가 있으세요?

**Har du ...?**

하 두

~가 필요해요.

**Jag behöver ...**

야 비회베

~해도 될까요?

**Kan jag...?**

칸 야

~할 수 있으세요?

**Kan du...?**

칸 두

~를 아세요?

**Vet du...?**

벳 두

몰라요.

**Jag vet inte.**

야 벳 인테

# 01 인사

안녕하세요

**Hej!**

# 인 사

안녕하세요.

**Hallå!**

하로


안녕!

**Hej!**

헤이


안녕하세요. (아침 인사)

**God morgon!**

곳 모론


안녕하세요. (낮 인사)

**God dag!**

곳 다

안녕하세요. (저녁 인사)

**God kväll!**

곳 크뷀


좋은 밤 되세요. (밤 인사)

**God natt!**

곳 낫


안녕! (헤어질 때)

**Hej hej!**

헤이 헤이


안녕히!

**Hejdå!**

헤이도


다음에 봐요.

**Vi ses!**

비 세스

잘 자요.

**Sov gott!**

소브 곳


생일 축하합니다.

**Grattis på födelsedagen!**

그라티 포 푀데세다겐


즐거운 성탄절 되세요.

**God Jul!**

굿 율


새해 복 많이 받으세요.

**Gott nytt år!**

곳 뉫 오

# 02 안부

잘 지내요?

**Hur mår du?**

## 02 안 부

오래간만 입니다.

**Det var länge sen!**

뎃 바 랑게 센

잘 지내요?

**Hur mår du?**

후오 모 두

어떻게 지내세요?

**Hur står det till?**

후오 스토 뎃 틸

잘 지내요.

**Jag mår bra.**

야 모 브라

좋아요, 고마워요.

**Bara bra, tack.**

바라 브라 탁


당신은요?

**Och du?**

오흐 두


당신은 어떠세요?

**Hur är det med dig?**

후어 애 뎃 메 디


나쁘지 않아요.

**Inte så dåligt.**

인테 소 돌릿


아주 좋지는 않아요.

**Inte så bra.**

인테 소 브라

17

그런 말을 듣게 되어 유감입니다.

**Jag är ledsen att höra det.**

야 에 레센 에 호라 데

# 03 자기소개

저는 ~ 입니다.

**Jag heter...**

## 03 자 기 소 개

처음 뵙겠습니다.

**Trevligt att träffas!**

트레빌 엣 트라파스


만나서 반갑습니다.

**Jag är glad att få träffa dig.**

야 에 글라드 엣 포 트라파 디


당신의 이름은 무엇입니까?

**Vad heter du?**

바 헷테 두


제 이름은 ~ 입니다.

**Jag heter...**

야 헷테

## 직업이 무엇인가요?

**Vad jobbar du med?**

바 욥바 두 메

## 저는 ~ 입니다.

**Jag är...**

야 에

## 몇 살 이신가요?

**Hur gammal är du?**

후 감말 에 두

## ~살 입니다.

**Jag är ... år gammal.**

야 에    오 감말

## 기혼 / 미혼 이신가요?

**Är du gift / singel?**

에 두 기프트 신겔

저는 미혼/ 기혼입니다.

**Jag är singel / gift.**

야 에 신겔 기프트

---

## 인칭대명사

| | | | |
|---|---|---|---|
| 나 | jag | 우리 | vi |
| 당신 | du | 당신들 | ni |
| 그/ 그녀 | han / hon | 그들 | de |

---

## 의문사

| | | | |
|---|---|---|---|
| 누가? | vem | 무엇을? | vad |
| 언제? | när | 어떻게? | hur |
| 어디서? | var | 왜? | varför |

## 사람 관련

| | | | |
|---|---|---|---|
| 사람 | person | 이웃 | granne |
| 남자 | man | 아들 | son |
| 여자 | kvinna | 딸 | dotter |
| 소녀 | flicka | 남편 | man |
| 소년 | pojke | 아내 | fru |
| 쌍둥이 | tvilling | 부부 | par |
| 아기 | spädbarn | 자매 | syster |
| 아이 | barn | 형제 | bror |
| 어른 | vuxen | 할머니 / 외할머니 | farmor/mormor |

| 미스 | fröken | 할아버지 /외할아버지 | farfar/morfar |
|---|---|---|---|
| 미스터 | herr | 손자 | barnbarn |
| 동료 | kollega | 사촌 | kusin |
| 가족 | familj | 친척 | släkting |
| 부모 | föräldrar | 남자 친구 | pojkvän |
| 아버지 | far | 여자 친구 | flickvän |
| 어머니 | mor | 삼촌/외삼촌 | farbror/morbror |
| | | 고모/이모 | faster/moster |

# 04 사과

미안합니다.

**Förlåt!**

# 04 사 과

미안합니다.

**Förlåt!**

푀롯

죄송합니다.

**Jag beklagar.**

야 베크라거

정말 죄송합니다.

**Jag är väldigt ledsen.**

야 에 밸딧 레센

미안해요, 실례합니다.

**Ursäkta mig!**

우쉑타 미

괜찮아요.

**Det är okej.**

데 에 오케

제가 방해 했나요?

**Stör jag på dig?**

스토 야 포 디

걱정 마세요.

**Oroa dig inte!**

오로아 디 인테

별일 아니니 걱정 마세요.

**Det gör ingenting.**

뎃 요 인겐팅

신경 쓰지 마세요.

**Låt det vara.**

롯 데 바라

27

유감입니다.

**Jag är ledsen för dig.**

야 에 레센 포 디

# 05 감사

고맙습니다.

**Tack!**

## 05 감 사

...를 축하합니다.
**Grattis på...**
그라티스 포


고마워요.
**Tack!**
탁


도와 주셔서 감사합니다.
**Tack för din hjälp.**
탁 포 딘 얄프


정말 고맙습니다.
**Tack så mycket!**
탁 소 뮈켓

정말 감사합니다.

**Tack så väldigt mycket!**

탁 소 발딧 뮈켓


너무 친절 하세요.

**Vad snällt av dig.**

바 스넬 압 디


뭘요, 얼마든지.

**Var så god.**

바 소 곳


별것 아닙니다.

**Det var så lite.**

데 바 소 리테


천만에요.

**Ingen orsak!**

인겐 오삭

저도 좋았는걸요.

**Det var verkligen roligt.**

데 바 바크리겐 로릿

# 06 부탁

저 좀 도와주실 수 있으세요?

**Kan du hjälpa mig?**

## 06 부탁

저기요, 실례합니다만.

**Ursäkta!**

우쉑타


저 좀 도와주실 수 있으세요?

**Kan du hjälpa mig?**

칸 두 얄파 미


이것을 가져가도 되나요?

**Kan jag ta det här?**

칸 야 타 뎃 하


(그럼요) 여기 있어요.

**Var så god.**

바 소 곳

뭐 좀 여쭤봐도 되나요?

**Får jag fråga dig en sak?**

포 야 프라가 디 엔 삭


네, 물론이죠.

**Ja visst!**

야 비스트


제가 도와 드릴게요.

**Låt mig hjälpa dig.**

롯 미 얄파 디


네, 무엇을 도와드릴까요?

**Ja, hur kan jag hjälpa dig?**

야 후 칸 야 얄파 디


아니요, 죄송해요.

**Nej, förlåt.**

네이 포롯

아니요, 지금 시간이 없어요.

**Nej, jag har inte tid nu.**

네이 야 하 인테 티드 누


잠시만요.

**Vänta lite, snälla.**

반타 리테 스넬라


좋습니다.

**Okej.**

오케


아마도요.

**Kanske.**

칸셰

# 07 날짜 · 시간

오늘은 무슨 요일이죠?

**Vilken dag är idag?**

# 날짜, 시간

오늘은 무슨 요일이죠?

**Vilken dag är idag?**

빌켄 닥 에 이다


오늘은 화요일입니다.

**Idag är det tisdag.**

이다 에 데 티스다


오늘은 며칠입니까?

**Vilket datum är det idag?**

빌켓 다툼 에 데 이다


오늘은 3월 9일입니다.

**Idag är den nionde mars.**

이다 에 덴 니온데 마쉬

지금은 몇 시입니까?
**Vad är klockan?**
바 에 클로칸

4시 5분입니다.
**Klockan är fem över fyra.**
클로칸 에 펨 오베 퓌라

4시 15분입니다.
**Klockan är kvart över fyra.**
클로칸 에 크봐 오베 퓌라

4시 30분입니다.
**Klockan är halv fem.**
클로칸 에 할ㅂ 펨

4시 45분입니다.

**Klockan är kvart i fem.**

클로칸 에 크봐 이 펨


4시 50분입니다.

**Klockan är tio i fem.**

클로칸 에 티오 이 펨


## 계절

| 봄 | vår | 가을 | höst |
|---|---|---|---|
| 여름 | sommar | 겨울 | vinter |


## 기수

| 1 | en/ett | 20 | tjugo |
|---|---|---|---|
| 2 | två | 21 | tjugoen/ett |
| 3 | tre | 22 | tjugotvå |
| 4 | fyra | | ... |
| 5 | fem | 10 | tio |

| | | | |
|---|---|---|---|
| 6 | sex | 20 | tjugo |
| 7 | sju | 30 | trettio |
| 8 | åtta | 40 | fyrtio |
| 9 | nio | 50 | femtio |
| 10 | tio | 60 | sextio |
| 11 | elva | 70 | sjuttio |
| 12 | tolv | 80 | åttio |
| 13 | tretton | 90 | nittio |
| 14 | fjorton | 100 | hundra |
| 15 | femton | 1000 | tusen |
| 16 | sexton | | |
| 17 | sjutton | | |
| 18 | arton | | |
| 19 | nitton | | |

## 서수

| | | | |
|---|---|---|---|
| 1 | första | 20 | tjugonde |
| 2 | andra | 21 | tjugoförsta |
| 3 | tredje | 22 | tjugoandra |

| 4 | fjärde | ... | |
|---|---|---|---|
| 5 | femte | 10 | tionde |
| 6 | sjätte | 20 | tjugonde |
| 7 | sjunde | 30 | trettionde |
| 8 | åttonde | 40 | fyrtionde |
| 9 | nionde | 50 | femtionde |
| 10 | tionde | 60 | sextionde |
| 11 | elfte | 70 | sjuttionde |
| 12 | tolfte | 80 | åttionde |
| 13 | trettonde | 90 | nittionde |
| 14 | fjortonde | 100 | hundrade |
| 15 | femtonde | 1000 | tusende |
| 16 | sextonde | | |
| 17 | sjuttonde | | |
| 18 | artonde | | |
| 19 | nittonde | | |

## 달

| | | | |
|---|---|---|---|
| 1 월 | januari | 7 월 | juli |
| 2 월 | februari | 8 월 | augusti |
| 3 월 | mars | 9 월 | september |
| 4 월 | april | 10 월 | oktober |
| 5 월 | maj | 11 월 | november |
| 6 월 | juni | 12 월 | december |

## 요일

| | | | |
|---|---|---|---|
| 월요일 | måndag | 목요일 | torsdag |

43

| | | | |
|---|---|---|---|
| 화요일 | tisdag | 금요일 | fredag |
| 수요일 | onsdag | 토요일 | lördag |
| | | 일요일 | söndag |

## 날, 시간 관련

| | | | |
|---|---|---|---|
| 그저께 | I förrgår | 날 | dag |
| 어제 | Igår | 주 | vecka |
| 오늘 | Idag | 달 | månad |
| 내일 | Imorgon | 년 | år |
| 모레 | I övermorgon | 초 | sekund |
| 평일 | veckodag | 분 | minut |
| 주말 | helgen | 시간 | tid |

# 08 출신

한국에서 왔습니다.

**Jag kommer från Korea.**

# 출 신

어디 출신 이세요?

**Var kommer du ifrån?**

바 콤머 두 이프론


어디서 오셨습니까?

**Varifrån kommer du?**

바리프론 콤머 두


한국에서 왔습니다.

**Jag kommer från Korea.**

야 콤머 프론 코레아


어떻게 여기에 오게 되셨나요?

**Vad tar dig hit?**

바 타 디 힛

저는 여기서 공부 해요.

**Jag studerar här.**

야 스튜디어러 하


저는 여기서 일 해요.

**Jag jobbar här.**

야 요버 하


저는 한국사람입니다.

**Jag är korean.**

야 에 코레안


제 출신지는 부산입니다.

**Jag är ursprungligen från Busan.**

야 에 우스프룽리겐 프론 부산


어느 도시에서 사세요?

**Vilken stad bor du i?**

빌켄 스타드 보 두 이

서울에서 살아요.

**Jag bor i Seoul.**

야 보 이 서울

## \<주요 국명, 언어, 사람, 형용사 형\>

|  | 나라 | 언어, 여성단수 | 여성복수 |
|---|---|---|---|
| 한국 | Korea | koreanska | koreanskor |
| 스웨덴 | Sverige | svenska | svenskor |
| 핀란드 | Finland | finska | finskor |
| 덴마크 | Danmark | danska | danskor |
| 노르웨이 | Norge | norska | norskor |
| 미국 | Amerikka | amerikanska | amerikanskor |
| 영국 | England | engelska | engelskor |
| 독일 | Tyskland | tyska | tyskor |
| 프랑스 | Frankrike | franska(語)<br>fransyska(女) | fransyskor |
| 스페인 | Spanien | spanska(語)<br>spanjorska(女) | spanjorskor |
| 이탈리아 | Italien | italienska | italienskor |
| 네덜란드 | Holland | holländska | holländskor |
| 일본 | Japan | japanska | japanskor |
| 중국 | Kina | kinesiska | kinesiskor |

|  | 남성단수 | 남성복수 | 형용사 |
|---|---|---|---|
| 한국 | korean | koreaner | koreansk |
| 스웨덴 | svensk | svenskar | svensk |
| 핀란드 | finne | finnar | finsk |
| 덴마크 | dansk | danskar | dansk |
| 노르웨이 | norrman | norrmän | norsk |
| 미국 | amerikan | amerikaner | amerikansk |
| 영국 | engelsman | engelsmän | engelsk |
| 독일 | tysk | tyskar | tysk |
| 프랑스 | fransman | fransmän | fransk |
| 스페인 | spanjor | spanjorer | spansk |
| 이탈리아 | italienare | italienare | italiensk |
| 네덜란드 | holländare | holländare | holländsk |
| 일본 | japan | japaner | japansk |
| 중국 | kines | kineser | kinesisk |

# 09 언어

~은 영어로 뭐에요?

**Vad heter .... på engelska?**

# 09 언 어

## ~어를 하시나요?

**Talar du...?**

탈라 두


## ~어를 조금 합니다.

**Jag talar lite...**

야 탈라 리테


## ~어를 못합니다.

**Jag talar inte....**

야 탈라 인테


## ~를 하시는 분 계시나요?

**Finns det någon som talar...**

핀 뎃 노곤 솜 탈라

~은 영어로 뭐에요?

**Vad heter .... på engelska?**

바 헷테   포 엔겔스카


그것은 스웨덴어로 뭐라고 말해요?

**Hur säger man det på svenska?**

후 사거 만 뎃 포 스벤스카


이것은 어떻게 발음해요?

**Hur uttalar man det?**

후 우탈라 만 뎃


이것은 무슨 뜻이죠?

**Vad betyder det?**

바 비튀더 뎃


제 말을 이해하셨나요?

**Förstår du mig?**

포스토 두 미

이해하지 못했어요. / 이해 합니다.

**Jag förstår inte. / Jag förstår.**

야 포스토 인테    야 포스토


천천히 말해 줄 수 있나요?

**Kan du prata lite långsammare?**

칸 두 프라타 리테 랑삼마레


다시 말해 주실 수 있으세요?

**Kan du säga det igen?**

칸 두 새야 데 이엔


써주실 수 있으세요?

**Kan du skriva ner det?**

칸 두 스크리바 네 데


철자를 알려주실 수 있으세요?

**Kan du stava det?**

칸 두 스타바 데

# 10 의견 묻기

뭐라고 생각하세요?

**Vad tycker du?**

# 의 견

뭐라고 생각하세요?

**Vad tycker du?**

바 튀커 두


무슨 일이죠?

**Vad händer?**

바 핸더


~라고 생각합니다.

**Jag tycker att...**

야 튀커 에


뭐가 좋으세요?

**Vad föredrar du?**

바 포레드라 두

그거 마음에 들어요.

**Jag gillar det.**

야 길라 데

그거 마음에 안 들어요.

**Jag gillar det inte.**

야 길라 데 인테

~(하기)를 좋아합니다.

**Jag tycker om...**

야 튀커 옴

~(하기)를 싫어합니다.

**Jag hatar att...**

야 헤타 에

기쁩니다.

**Jag är glad.**

야 에 글라드

기쁘지 않습니다.

**Jag är inte glad.**

야 에 인테 글라드


~에 흥미가 있습니다.

**Jag är intresserad av...**

야 에 인테세라드 아브


흥미 없습니다

**Jag är inte intresserad.**

야 에 인테 인태세라드


지루합니다.

**Jag är uttråkad.**

야 에 우트로카드


상관 없어요.

**Det spelar ingen roll.**

데 스페라 인겐 롤

아 그러세요?

**Jasså? / Verkligen?**

야소     베크리겐


나쁘지 않네요.

**Inte illa!**

인테 일라


이제 충분합니다. 질리네요.

**Jag har fått nog.**

야 하 폿 녹


좋아요.

**Bra!**

브라


멋져요.

**Underbart!**

운더바

불쌍해라! 안타깝네요.

**Vad synd!**

바 쉬드

# 11 전화

누구시죠?

**Ven talar jag med?**

## 11 전 화

~이신가요?

**Talar jag med...?**

탈라 야 메

~입니다.

**Hej, det är....**

헤이 데 에

~랑 통화할 수 있나요?

**Kan jag få tala med...?**

칸 야 포 타라 메

~랑 통화하고 싶습니다.

**Jag skulle vilja prata med...**

야 스쿨레 빌야 프라타 메

~로 연결 해주시겠습니까?

**Kan du koppla mig till....?**

칸 두 콥파 미 틸

누구시죠?

**Ven talar jag med?**

벤 탈라 야 메

당신 전화 입니다.

**Du har ett samtal.**

두 하 엣 삼탈

잘못된 번호로 거셨습니다.

**Du har fel nummer.**

두 하 펠 누머

통화 중 입니다.

**Linjen är upptagen.**

린엔 에 웁타겐

그는 지금 자리에 없습니다.

**Han är inte här nu.**

한 에 인테 하 누


제가 전화했다고 전해 주시겠습니까?

**Kan du säga att jag har ringt?**

칸 두 사야 에 야 하 링ㅌ


그/그녀에게 다시 전화해 달라고 말씀해 주시겠습니까?

**Kan du be honom/henne ringa mig?**

칸 두 비 호놈 헨네 링아 미


나중에 전화하겠습니다.

**Jag ringa igen senare.**

야 링아 이엔 세나레


메시지를 남길 수 있을까요?

**Kan jag lämna ett meddelande?**

칸 야 람마 에 메데란데

전화번호가 어떻게 되세요?

**Vad är ditt telefonnummer?**

바 에 엣 텔레포누머


제 전화번호는~입니다.

**Mitt telefonnumer är....**

밋 텔레포누머 에


한 번 더 말해 주실래요?

**Kan du upprepa det?**

칸 두 웁레파 데

## 전자 기기, 전화 관련

| | | | |
|---|---|---|---|
| 컴퓨터 | dator | 전기 | elektricitet |
| 랩탑 | bärbar dator | 전화 | telefon |
| 인터넷 | Internet | 핸드폰/<br>스마트폰 | mobil / smart<br>telefon |
| 이메일 | e-post | 심카드 | simkort |
| 메일 주소 | e-postadress | 문자 메시<br>지 | textmeddelande |
| 웹 사이트 /<br>홈 페이지 | webbsida /<br>hemsida | 콘센트<br>소켓 | uttag |
| 프린터 | skrivare | 충전기 | laddare |
| 카메라 | kamera | 라디오 | radio |
| 메모리카드 | minneskort | 이어폰 | hörlur |
| 배터리 | batteri | | |

# 12 환전·우편

환율이 어떻게 되죠?

**Vad är växelkursen?**

## 12 우편, 환전

ATM기는 어디에 있나요?

**Var ligger uttagsautomat?**

바 리게 우타그사우토맛


돈을 환전하고 싶습니다.

**Jag skulle vilja växla lite pengar.**

야 스쿨레 빌야 백스라 리테 펭야


스웨덴 크로나와 달러와의 환율이 어떻게 되죠?

**Vad är växelkursen mellan Dollar och Svensk krona?**

바 에 벡셀쿠르센 멜란 돌라 오ㅎ 스벤스크 크로나


수수료가 얼마죠?

**Hur mycket måste jag betala i provision?**

후어 뮈켓 모스테 야 베탈라 이 프로비혼

어디에 사인을 해야 하나요?

**Var ska jag skriva under?**

바 스카 야 스킬바 운더


이 문서를 작성해 주세요.

**Fyll i detta formulär.**

필 이 데타 포무라


이 소포를 항공 우편으로 보내고 싶습니다.

**Jag vill skicka detta paket med flygpost.**

야 빌 휘캬 데타 파켓 메 플뤼포스트


이 편지를 한국으로 보내고 싶습니다.

**Jag skulle vilja skicka detta brev till Korea.**

야 스쿨레 빌라 휘캬 데타 브리아 티 코레아


한국으로 소포 보내는데 얼마인가요?

**Hur mycket kostar det att skicka detta paket till Korea?**

후어 뮈켓 코스타 데 에 휘캬 데타 파켓 티 코레아

우표 ~개 주세요.

**Kan jag få ~ frimärken?**

칸 야 포    프리마켄

우표는 얼마나 필요한가요?

**Hur mycket blir det i porto?**

후어 뮈켓 블리 데 이 포르토

## 금융

| | | | |
|---|---|---|---|
| 은행 | bank | 현금 | kontanter |
| ATM | bankomat | 동전 | mynt |
| 계좌 | konto | 여행자 수표 | resandens checkar |
| 비밀 번호 | lösenord | 예금 | deposition |
| 달러 | dollar | 이자 | ränta |
| 유로 | euro | 카드 | kontokort |
| 크로나 | krona | 환율 | växlingskurs |
| 돈 | pengar | 환전 | valutaväxling |

## 우편

| | | | |
|---|---|---|---|
| 국내우편 | inhemsk post | 우편 번호 | postnummer |
| 국제우편 | Internationell post | 우편 요금 | porto |
| 항공우편 | flypost | 우편함 | postlådan |
| 수신인 | mottagare | 우표 | frimärke |
| 발신인 | avsändare | 주소 | adress |
| 소포 | paket | 엽서 | vykort |
| 우체국 | postkontor | | |

# 13 날씨

오늘 날씨 어때요?

**Hur är vädret idag?**

## 13 날씨

오늘 날씨 어때요?

**Hur är vädret idag?**

후 에 바드레 이다


오늘 몇 도 정도 될까요?

**Vad är temperaturen idag?**

바 에 템페라투렌 이다


좋은 날씨에요.

**Det är vackert / fint väder.**

데 에   바켓   핀 배더


오늘 추워요.

**Det är kallt idag.**

데 에 칼ㅌ 이다

오늘 시원해요.

**Det är coolt idag.**

데 에 쿨 이다

오늘 따뜻해요.

**Det är varmt idag.**

데 에 밤 이다

오늘 더워요.

**Det är hett idag.**

데 에 헷 이다

습한 / 건조한 날씨입니다.

**Det är fuktigt / torrt.**

데 에 푸크팃 톳

날씨가 안 좋아 질까요?

**Blir det dåligt väder?**

블리 데 도릿 베더

날씨가 죽 이럴까요?

**Fortsätter det så här?**

포트세터 데 소 하

비가 올까요?

**Ska det regna?**

스카 뎃 렝나

비가 오고 있습니다.

**Det regnar.**

데 렝나

눈이 내리고 있습니다.

**Det snöar.**

데 스뇌아

폭풍우가 몰아치고 있습니다.

**Det är oväder.**

데 에 오배더

해가 납니다.

**Det är soligt.**

데 에 소릿


날씨가 흐립니다.

**Det är molnigt.**

데 에 모닛


안개가 꼈습니다.

**Det är dimmigt.**

데 에 딤밋


바람이 붑니다.

**Det är blåsigt.**

데 에 블로싯


얼음이 얼었습니다.

**Det är isigt.**

데 에 이싯

## 날씨

| | | | |
|---|---|---|---|
| 구름 | moln | 안개 | dimma |
| 해 | sol | 기온 | temperatur |
| 기후 | klimat | 온도 | grad |
| 날씨 | väder | 습도 | fuktighet |
| 뇌우 | åskväder | 일기 예보 | väderleksrapport |
| 눈 | snö | 진눈깨비 | snöblandat regn |
| 눈보라 | snöstorm | 천둥 | åskmuller |
| 무지개 | regnbåge | 번개 | blixtar |
| 바람 | vind | 폭풍 | storm |
| 비 | regn | 허리케인 | orkan |
| 서리 | frost | 홍수 | översvämning |

# 14 교통

~는 어떻게 가죠?

**Hur kommer jag till... ?**

## 14 교 통

~가 어디에 있는지 아시나요?

**Vet du var ... är?**

벳 두 바  에


길을 잃었어요.

**Jag är vilse.**

야 에 빌세


주변에 ~가 어디 있나요?

**Var ligger närmaste... ?**

바 리게 나마스테


어떻게 ~에 가나요?

**Hur kommer jag till... ?**

후어 콤머 야 티

거기는 걸어서 어떻게 가죠?

**Hur kan jag komma dit till fots?**

후어 칸 야 코마 딧 티 폿


걸을만 한가요?

**Är det gångavstånd?**

에 데 공가브스톤


다음 트램 정류장까지 얼마나 멀죠?

**Hur långt är det till nästa spårvagnshållplats?**

후어 롱 에 뎃 티 내스타 스포방홀플랏


다음 버스는 몇 시에 출발해요?

**När går nästa buss?**

나 고 내스타 부스


이 버스는 어디로 가죠?

**Vart går den här bussen?**

밧 고 덴 하 부센

언제 ~에 도착하나요?

**När kommer vi fram till ... ?**

나 콤머 비 프람 티


다음 정류장은 어디인가요?

**Var är nästa hållplats?**

바 에 내스타 홀플랏


이 버스 / 기차 ~에 멈추나요?

**Stannar den här bussen / det här tåget... ?**

스탄나 덴 하 부센 뎃 하 토겟


어디서 내려야 해요?

**Var måste jag gå av?**

바 모스테 야 고 압


갈아타야 하나요?

**Måste jag byta?**

모스테 야 뷔타

어디서 내려야 하는지 알려주실 수 있으세요?

**Skulle du kunna säga till var jag ska gå av?**

스쿨레 두 쿤나 사야 티 바 야 스카 고 압


어디서 표를 살 수 있나요?

**Var kan jag köpa en biljett?**

바 칸 야 쉬파 엔 빌옛


편도 / 왕복 표 얼마에요?

**Hur mycket kostar en enkelbiljett / returbiljett?**

후어 뮈켓 코스타 엔 엔켈빌옛 리투빌옛


자리를 예매해야 하나요?

**Måste jag boka sittplats?**

모스테 야 보카 싯플랏


시간표 있으세요?

**Kan jag få en tidtabell?**

칸 야 포 엔 티ㄷ타벨

택시 좀 불러주세요.

**Kan du ringa en taxi?**

칸 두 링아 엔 탁시

~까지 가는데 얼마입니까?

**Hur mycket kommer det att kosta tll...?**

후어 뮈켓 콤머 뎃 에 코스타 티

이 주소로 부탁 드립니다.

**Vänligen ta mig till den här adressen.**

바리겐 타 미 티 덴 하 아드레센

가는데 얼마나 시간이 걸립니까?

**Hur långt tid tar resan?**

후어 롱 티드 타 레산

서둘러 주세요.

**Skynda, snälla!**

휜다 슈넬라

## 교통

| | | | |
|---|---|---|---|
| 교통 | trafik | 안전 벨트 | säkerhetsbälte |
| 교통 신호 | trafikljus | 자동차 | bil |
| 횡단 보도 | övergångsställe | 자전거 | cykel |
| 다리 | bro | 정류장 | station |
| 도로 | väg | 지하철 | tunnelbana |
| 택시 | taxi | 기차 | tåg |
| 트램 | spårvagn | 철도 | järnväg |
| 버스 | buss | 기차역 | tågstation |
| 버스 정류장 | busshållplats | 시간표 | tidtabell |
| 보도 | trottoar | 왕복표 | returbiljett |
| 버스 운전사 | busschaufför | 편도표 | enkelbiljett |

| 승객 | passagerare |
|------|-------------|

## 방위

| | | | |
|------|-------|------|-------|
| 동쪽 | öster | 남쪽 | söder |
| 서쪽 | väster | 북쪽 | norr |

# 15 관광

~는 어디죠?

Var är... ?

## 15 관 광

인포메이션 센터는 어디죠?

**Var är turistinformationen?**

바 에 투리스트인포마호넨


가볼 만한 곳이 어디인가요?

**Finns det några bra ställen att besöka?**

핀 뎃 노그라 브라 스텔렌 엣 베소카


시내 지도를 얻을 수 있을까요?

**Har du en stadskarta?**

하 두 엔 스타ㄷ카르타


지도에 표시해 줄 수 있으세요?

**Kan du markera det på kartan?**

칸 두 마케라 데 포 카르탄

저희 사진 좀 찍어 주시겠어요?

**Kan du ta en bild på oss?**

칸 두 타 엔 빌드 포 오스

사진 찍어도 되나요?

**Kan jag ta ett foto?**

칸 야 타 엣 포토

~는 언제 열어요 / 닫아요?

**När är .... öppen / ... är stängd?**

나 에    외펜       에 스탱ㄷ

그룹 할인이 있나요?

**Finns det grupprabatt?**

핀 뎃 그룹라밧

학생 할인 있나요?

**Finns det studentrabatt?**

핀 뎃 스투덴라밧

어디서 ~를 할 수 있나요?

**Var kan jag göra ...?**

바 칸 야 요라


주변에 ~가 있나요?

**Finns det ... i närheten?**

핀 뎃　　 이 내헤텐


가이드 투어가 있나요?

**Finns det guidade turer?**

핀 뎃 가이다드 투레


얼마나 걸려요?

**Hur lång tid tar det?**

후 롱 티드 타 뎃


자유 시간 얼마나 있어요?

**Hur mycket ledig tid har vi?**

후어 뮈켓 리디 티드 하 비

## 장소

| | | | |
|---|---|---|---|
| 교회 | kyrka | 서점 | bokhandel |
| PC방 | internetkafé | 성 | slott |
| 경찰서 | polisstation | 성당 | katedral |
| 공원 | park | 소방서 | brandstation |
| 궁전 | palats | 수영장 | simbassäng |
| 극장 | teater | 슈퍼마켓 | stormarknad |
| 나이트 클럽 | nattklubb | 시청 | rådhus |
| 대학 | universitet | 신발가게 | skoaffär |
| 도서관 | bibliotek | 약국 | apotek |
| 동물원 | djurpark | 영화관 | bio |
| 레스토랑 | restaurang | 옷가게 | klädbutik |

| | | | |
|---|---|---|---|
| 미용실 | skönhetssalong | 유원지 | nöjespark |
| 바 | bar | 은행 | bank |
| 박물관 | museum | 정육점 | slakteri |
| 백화점 | varuhus | 키오스크 | kiosk |
| 병원 | sjukhus | 학교 | skol |
| 빵집 | bageri | 항구 | hamn |

## 관광

| | | | |
|---|---|---|---|
| 가이드북 | guidebok | 여행 | resa |
| 관광 | sightseeing | 예약 | bokning |
| 관광 안내소 | turistkontor | 일정표 | resväg |
| 관광객 | turist | 입장권 | biljett |
| 기념품점 | presentbutik | 입장료 | pris |
| 매표소 | biljettkontor | 자유 시간 | fritid |
| 분실물 사무소 | förlorat och hittat | 지도 | karta |
| 사진 | foto | 차례, 줄 | kö |
| 신혼 여행 | smekmånad | 출장 | affärsresa |

안내 책자     broschyr

# 16 공항

어디서 가방을 찾나요?

**Var kan jag hämta mina väskor?**

# 공 항

## 16 - 1. 출국 시

어디로 가십니까?

**Vart ska du flyga?**

밧 스카 두 플뤼가

여권 보여주세요.

**Kan jag få se ditt pass, tack.**

칸 야 포 세 딧 파스 탁

예약을 확인/ 취소/ 변경하고 싶어요.

**Jag vill bekräfta / avbryta / ändra min bokning.**

야 빌 베크라프타 압브뤼타 암드라 민 보크닝

인터넷으로 예약했어요.

**Jag har bokat via Internet.**

야 하 보캇 비아 인터넷


창가 / 복도 쪽 좌석 주세요.

**Jag vill ha en fönster / gångplats.**

야 빌 하 엔 푄스타  공플랏


수화물 몇 개까지 허용됩니까?

**Hur många väskor får jag checka in?**

후어 몽야 바스코 포 야 쉐카 인


몇 번 게이트 인가요?

**Vilken gate behöver jag gå till?**

빌켄 게트 비회버 야 고 티


몇 시까지 체크인 해야 하나요?

**När ska jag checka in?**

나 스카 야 쉐카 인

출발이 지연되었습니다.

**Flyget har blivit försenat.**

플뤼헷 하 브리빗 푀세넷


비행기가 취소되었습니다.

**Flyget har blivit inställt.**

플뤼겟 하 브리빗 인스텔


안전벨트를 착용해 주십시오.

**Spänn fast säkerhetsbältet.**

스판 패스트 새커헷밸텟


자리로 돌아가 주세요.

**Gå tillbaka till din plats.**

고 틸바카 티 딘 플랏


마실 것 좀 주세요.

**Jag vill ha något att dricka.**

야 빌 하 노곳 에 드리카

이 자리 사람 있나요?

**Är den här platsen upptagen?**

에 덴 하 플라센 웁타겐

휴대전화를 꺼주세요.

**Stäng av din mobiltelefon.**

스랭 압 딘 모빌텔레폰

담요 좀 주세요.

**Kan jag få en filt?**

칸 야 포 인 필

## 16- 2. 입국 시

여행 목적은 무엇입니까?

**Vad är avsikten med din resa?**

바 에 아브싯텐 메 딘 레사

출장 중입니다.

**Jag är på affärsresa.**

야 에 포 아패스레사


여기 휴가로 왔어요.

**Jag är på semester.**

야 에 포 세메스타


단체 여행으로 왔습니다.

**Jag reste med en turistgrupp.**

야 레스테 메 인 투리스트그룹


가족을 만나러 왔습니다.

**Jag ska besöka släktingar.**

야 스카 베소카 스래팅아


어디에서 지내실 겁니까?

**Var ska du bo?**

바 스카 두 보

얼마 동안 머물 예정입니까?

**Hur länge ska du stanna?**

후어 랭 스카 두 스탄나


며칠간만요.

**Ett par dagar.**

엣 파 다가


~주 동안 있을 겁니다.

**Jag kommer att vara här i ... veckor.**

야 콤머 에 바라 하 이          베커


신고 할 것 있으십니까?

**Har du något att deklarera?**

하 두 노곳 에 데클라리에라


신고 할 것 없습니다.

**Jag har inget att deklarera.**

야 하 인겟 에 데크라리에라

어디서 가방을 찾나요?

**Var kan jag hämta mina väskor?**

바 칸 야 함타 미나 배스코

제 가방이 도착하지 않았습니다.

**Mitt bagage har försvunnit.**

밋 배게지 하 푀스뷘닛

가방을 열어 보세요.

**Kan du vara snäll och öppna din väska?**

칸 두 바라 스놀 오ㅎ 오프나 딘 바스카

시내에 가라면 어떻게 해야 하나요?

**Hur kan jag åka in till centrum från flygplatsen?**

후어 칸 야 오카 인 티 센트룸 프론 플뤼플라센

공항까지 가는 버스/ 기차가 있나요?

**Finns det en buss /ett tåg som går till flygplatsen?**

핀 뎃 에 부스 에 톡 솜 고 티 플뤼플라센

102

공항에서 출발하는 버스/ 기차가 있나요?

**Finns det en buss / ett tåg som avgår från flygplatsen?**

핀 뎃 에 부스 에 톡 솜 아브고 프론 플뤼플라센

## 공항

| | | | |
|---|---|---|---|
| 공항 | flygplats | 세관 | tull |
| 국내선 | inrikesflyg | 세금 | skatt |
| 국적 | nationalitet | 스탑 오버 | reseuppehåll |
| 국제선 | internationell flygning | 여권 | pass |
| 기내 수하물 | handbagage | 외국 | främmande land |
| 면세점 | taxfree butik | 위탁 수하물 | incheckat bagage |
| 비행기 | flygplan | 항공사 | flygbolag |
| 비행기 표 | flygbiljett | 항공편 | flygresa |
| 사증, 비자 | visum | 항공편 번호 | flygnummer |

# 17 쇼핑

이것은 얼마인가요?

**Hur mycket kostar denna?**

# 쇼 핑

어디에서 ~를 살 수 있죠?

**Var kan jag köpa...?**

바 칸 야 쇼파


이 가게는 언제 열어요?

**Vilka tider har ni öppet?**

빌카 티더 하 니 외펫


무엇을 도와드릴까요?

**Hur kan jag hjälpa dig?**

후어 칸 얄파 디


괜찮아요, 그냥 보는 것뿐입니다.

**Nej tack, jag tittar bara.**

네이 탁  야 티타 바라

~를 찾고 있어요.

**Jag letar efter...**

야 레타 에프타


~를 파나요?

**Säljer ni ...?**

샐야 니


입어 봐도 되나요?

**Kan jag prova denna?**

칸 야 프로바 덴나


큰 / 작은 사이즈는 없나요?

**Har du större / mindre storlek?**

하 두 스토레 민드레 스토렉


싼 것은 없나요?

**Finns det något billigare?**

핀 뎃 노곳 비리가레

이것은 얼마인가요?

**Hur mycket kostar denna?**

후어 뮈켓 코스타 덴나


또 필요한 것은 없으세요?

**Vill du ha något annat?**

빌 두 하 노곳 안낫


네 다른 것은 필요 없어요.

**Nej tack. Inget annat.**

네이 탁   인게 안낫


모두 얼마죠?

**Hur mycket totalt?**

후어 뮈켓 토탈


싸네요. / 비싸네요.

**Det var billigt / dyrt.**

뎃 바   비릿   뒷

깎아 주실 수 있으세요?

**Kan du sänka priset?**

칸 두 생카 프리셋


신용카드로 계산 되나요?

**Tar ni kreditkort?**

타 니 크레딧코룻


영수증 주세요.

**Kan jag få ett kvitto?**

칸 야 포 에 크뷔토


봉지 좀 주세요.

**Kan jag få en plastpåse?**

칸 야 포 엔 프라스포세


이것은 망가졌어요.

**Den är sönder.**

덴 에 쉰더

이것은 때가 탔어요.

**Detta är bortskämd.**

데타 에 보횀

이 상품을 바꾸고 싶습니다.

**Jag skulle vilja byta denna.**

야 스쿨레 빌야 뷔타 덴나

## 쇼핑

| | | | |
|---|---|---|---|
| 거스름돈 | växel | 영수증 | kvitto |
| 캐시어 | kassör | 영업 시간 | öppettid |
| 비용 | kosta | 입구 | ingång |
| 사이즈 | storlek | 점원 | affärsbiträde |
| 상점 | affär | 출구 | utgång |
| 선물 | gåva | 패션 | mode |
| 세일 | rea | 품절 | utsåld |
| 손님 | kund | 품질 | kvalitet |
| 쇼윈도우 | skyltfönster | 피팅 룸 | omklädningsrum |
| 쇼핑 거리 | shoppinggata | 환불 | återbetalning |

## 옷

| | | | |
|---|---|---|---|
| 넥타이 | slips | 스카프 | sjal |
| 모자 | hatt | 스커트 | kjol |
| 바지 | byxor | 스타킹 | strumpbyxor |
| 벨트 | bälte | 신발 | skor |
| 블라우스 | blus | 양말 | strumpor |
| 우비 | regnkappa | 장갑 | handskar |
| 셔츠 | skjorta | 재킷 | jacka |
| 속옷 | underkläder | 청바지 | jeans |
| 손수건 | näsduk | 코트 | ytterrock |

| | | | |
|---|---|---|---|
| 수영복 | baddräkt | 가디건 | kofta |

## 미용, 치장

| | | | |
|---|---|---|---|
| 핸드백 | handväska | 손목시계 | armbandsur |
| 귀걸이 | örhänge | 아이라이너 | eyeliner |
| 지갑 | plånbok | 선 블록 | solkräm |
| 동전 지갑 | myntbörs | 향수 | parfym |
| 립스틱 | läppstift | 데오드란트 | deodorant |
| 빗 | kam | 아이섀도 | ögonskugga |
| 선글라스 | solglasögon | 화장 | smink |
| 마사지 | massage | 안경 | glasögon |
| 매니큐어 액 | nagellack | 팔찌 | armband |

| 반사체, 리플렉터 | reflektor | 목걸이 | halsband |
|---|---|---|---|

---

## 색

| | |
|---|---|
| 빨강색 | röd, rött, röda |
| 분홍색 | rosa |
| 주황색 | orange, orangea |
| 노란색 | gul, gult, gula |
| 녹색 | grön, grönt, gröna |
| 파랑색 | blå, blått, blåa |
| 보라색 | lila |
| 갈색 | brun, brunt, bruna |
| 회색 | grå, grått, gråa |
| 검은색 | svart, svart, svarta |
| 흰색 | vit, vitt, vita |

# 18 숙박

얼마 동안 머물 예정이십니까?

**Hur länge stannar du?**

# 숙 박

빈방 있습니까?

**Har ni några lediga rum?**

하 니 노그라 레ㅎ디가 룸


싱글 / 더블룸 있나요?

**Har du ett enkelrum / dubbelrum?**

하 두  엣 엔켈룸  두벨룸


1박 / 3박 묵겠습니다.

**Jag kommer att stanna en natt / tre nätter.**

야 콤머 엣 스탄나 에 낫 트레 나터


~란 이름으로 예약했습니다.

**Jag bokade ett rum i namnet...**

야 보카데 에 룸 이 남넷

하룻밤에 얼마에요?

**Vad kostar det per natt?**

바 코스타 데 퍼 낫


아침이 포함된 가격인가요?

**Inkluderar priset frukost?**

인크루데라 프리셋 프룩콧


몇 시에 아침인가요?

**När är det frukost?**

나 에 데 프룩콧


화장실 딸린 방으로 주세요.

**Jag vill ha ett rum med badrum.**

야 빌 하 에 룸 메 바드룸


얼마 동안 머물 예정이십니까?

**Hur länge stannar du?**

후어 랭에 스탄나 두

미리 지불하셔야 합니다.

**Du måste betala i förskott.**

두 모스테 베타라 이 푀스콧


어디서 인터넷을 쓸 수 있죠?

**Var kan jag använda internet?**

바 칸 야 안밤다 인터넷


무료 와이파이가 있나요?

**Finns det en gratis WiFi tjänst tillgänglig?**

핀 데 엔 그라티스 와이파이 샨 틸양리


와이파이 비밀 번호가 무엇인가요?

**Vad är wifi-lösenordet?**

바 에 와이파이 뢰세노뎃


제방 열쇠를 주세요. 방 번호는~입니다.

**Kan du ge mig min rumsnyckel? Rumsnummer är....**

칸 두 게 미 민 룸스뉘켈      룸스누메 에

~시에 깨워줄 수 있으세요?

**Kan du väcka mig vid ...?**

칸 두 박카 미 빗

방에 소음이 심해요.

**Rummet är för bullrigt.**

룸멧 에 푀 불릿

화장실이 막혔어요.

**Toaletten är igensatt.**

토아레텐 에 얀샷

히터가 고장 났어요.

**Uppvärmningen fungerar inte.**

웁바밍엔 푼게라 인테

방에 열쇠를 두고 나왔어요.

**Jag lämnade min nyckel i rummet.**

야 람나데 민 뉘켈 이 룸멧

방이 치워지지 않았어요.

**Rummet har inte städats.**

룸멧 아 인테 스다닷


전기가 안 들어와요.

**Vi har inte el.**

비 하 인테 엘


불이 나갔어요.

**Ljusen är släckt.**

루센 아 스렛ㅌ


TV가 고장 났어요.

**TV-apparaten fungerar inte.**

티비 아파라텐 푼게라 인테


이불 하나만 더 주세요.

**Kan du ge mig ett extra täcke?**

칸 두 게 미 에 엑스트라 탁케

짐 좀 맡아 주시겠어요?

**Kan du behålla mitt bagage?**

칸 두 베홀라 맛 바게지


체크아웃 하고자 합니다.

**Jag skulle vilja checka ut.**

야 스쿨레 빌야 쉐카 웃


## 숙박, 건물 관련

| 건물 | byggnad | 집 | hus |
|------|---------|-----|-----|
| 게스트 하우스 | pensionat | 체크아웃 | utcheckning |
| 더블룸 | dubbelrum | 체크인 | incheckning |
| 룸 서비스 | rum service | 층 | golv |

| 방 | rum | 포터 | portier |
|---|---|---|---|
| 싱글룸 | enkelrum | 프론트 | reception |
| 아파트 | lägenhet | 호스텔 | vandrarhem |
| 엘리베이터 | hiss | 호텔 | hotell |

## 방 안, 사물 관련

| 거실 | vardagsrum | 열쇠 | nyckel |
|---|---|---|---|
| 거울 | spegel | 오븐 | ugn |
| 냉장고 | kylskåp | 욕실 | badrum |
| 드라이어 | hårtork | 욕조 | badkar |
| 램프 | lampa | 의자 | stol |
| 문 | dörr | 이불 | duntäcke |
| 발코니 | balkong | 장롱 | garderob |

| | | | |
|---|---|---|---|
| 베개 | kudde | 창 | fönster |
| 부엌 | kök | 치약 | tandkräm |
| 비누 | såpa | 침대 | säng |
| 사우나 | bastu | 침실 | sovrum |
| 샤워기 | dusch | 칫솔 | tandborste |
| 샴푸 | schampo | 커튼 | gardiner |
| 세탁기 | tvättmaskin | 테이블 | bord |
| 소파 | soffa | 텔레비전 | tv |
| 수건 | handduk | 화장실 | toalett |

## 종이, 문구

| | | | |
|---|---|---|---|
| 가위 | sax | 잡지 | tidskrift |
| 볼펜 | bollpenna | 접착제 | lim |
| 봉투 | kuvert | 지우개 | suddgummi |
| 사전 | lexikon | 종이 | papper |
| 테이프 | tejp | 책 | bok |
| 신문 | tidning | 연필 | blyerspenna |
| 펜 | penna | | |

# 19 식당

무엇을 추천하시나요?

**Vad rekommenderar ni?**

## 19        식 당

자리 예약하고 싶습니다.

**Jag skulle vilja beställa ett bord, tack.**

야 스쿨레 빌야 베스텔라 에 보 탁


몇 분이시죠?

**För hur många?**

포 후어 몽야


2명 자리 부탁해요.

**Ett bord för två, tack.**

엣 보 포 트보 탁


자리 있나요?

**Har ni några lediga bord?**

하 니 노그라 레ㅎ디가 보

좀 기다려 주시겠습니까?

**Kan du vänta ett ögonblick?**

칸 투 반타 에 외옹브릭


얼마나 기다려야 하나요?

**Hur länge måste jag vänta?**

후어 랭에 모스테 야 반타


여기 앉아도 되나요?

**Kan jag sitta här?**

칸 야 시타 하


배가 고픕니다.

**Jag är hungrig.**

야 에 훙리그


목이 마릅니다.

**Jag är törstig.**

야 에 토스티그

메뉴 좀 주세요.

**Kan jag få se menyn?**

칸 야 포 세 메뉘


이 음식은 무엇인가요?

**Vilken typ av mat är det här?**

빌켓 튑 압 멧 아 뎃 하


주문 하시겠습니까?

**Är ni redo att beställa?**

아 니 레도 엣 베스텔라


아직 결정을 못 했어요.

**Jag har inte bestämt mig än.**

야 하 인테 베스탄 미 안


무엇을 추천 하시나요?

**Vad rekommenderar ni?**

바드 레코멘데라 니

이 음식에서 ~를 빼주실 수 있으세요?

**Kan jag få detta utan ...?**

챤 야 포 데타 우탄


돼지 고기를 못 먹어요.

**Jag kan inte äta fläskkött.**

야 칸 인테 에타 플라쉬숏


이것은 제가 시킨 것이 아니에요.

**Detta är inte vad jag beställde.**

데타 에 인테 바 야 베스텔드


맛있게 드세요.

**Smaklig måltid!**

스마크리 모티드


이거 맛있네요.

**Detta smakar bra.**

데타 스마커 브라

계산서를 주세요.

**Notan, tack.**

노탄 탁

## 식당

| | | | |
|---|---|---|---|
| 계산서 | nota | 에피타이저 | förrätt |
| 나이프 | kniv | 오믈렛 | omelett |
| 냅킨 | servett | 와인 | vin |
| 레모네이드 | citronsaft | 요구르트 | yoghurt |
| 맥주 | öl | 우유 | mjölk |
| 메뉴 | meny | 웨이터 | servitör |
| 메인 코스 | huvudrätt | 으깬감자 | potatismos |
| 물 | vatten | 잼 | sylt |
| 바비큐 | utegrill | 주스 | juice |
| 버터 | smör | 차 | te |
| 빵 | bröd | 초콜릿 | choklad |

| | | | |
|---|---|---|---|
| 샐러드 | sallad | 커피 | kaffe |
| 설탕 | socker | 컵 | kopp |
| 소금 | salt | 케이크 | kaka |
| 소스 | sås | 팬케이크 | pannkaka |
| 수프 | soppa | 포크 | gaffel |
| 스테이크 | biff | 피자 | pizza |
| 스푼 | sked | 후식 | efterrätt |
| 아이스크림 | glass | 후추 | peppar |

## 식품

| | | | |
|---|---|---|---|
| 게 | krabba | 송어 | öring |
| 감자 | potatis | 수박 | vattenmelon |

| | | | |
|---|---|---|---|
| 고기 | kött | 순록고기 | renkött |
| 과일 | frukt | 쌀 | ris |
| 달걀 | ägg | 양고기 | lamm |
| 닭고기 | kycklingkött | 양배추 | kål |
| 당근 | morot | 양상추 | sallad |
| 대구 | torsk | 양파 | lök |
| 돼지고기 | fläskkött | 연어 | lax |
| 딸기 | jordgubbe | 오렌지 | apelsin |
| 레몬 | citron | 오리고기 | ankkött |
| 마늘 | vitlök | 오이 | gurka |
| 멜론 | melon | 올리브 | oliver |
| 바나나 | banan | 완두콩 | ärt |

| | | | |
|---|---|---|---|
| 배 | päron | 참치 | tonfisk |
| 버섯 | svamp | 채소 | grönsaker |
| 복숭아 | persika | 청어 | sill |
| 블루 베리 | blåbär | 치즈 | ost |
| 사과 | äpple | 콩 | böna |
| 새우 | räka | 토마토 | tomat |
| 생선 | fisk | 파인애플 | ananas |
| 소고기 | nötkött | 포도 | druva |
| 소세지 | korv | 햄 | skinka |

# 20 병원

상태가 어떠세요?

**Vad har du för symptom?**

# 병원

상태가 어떠세요?

**Vad har du för symptom?**

바 하 두 포 쉼톤


아파요.

**Det gör ont.**

데 요 온트


다쳤어요.

**Jag är sårad.**

야 에 소라드


몸이 안 좋아요.

**Jag känner mig sjuk.**

야 센너 미 휙

기분이 좋지 않습니다.

**Jag mår inte bra.**

야 모 인테 브라


독감에 걸렸어요.

**Jag har influensan.**

야 하 인프룬산


피곤해요.

**Jag är trött.**

야 에 트룻


~에 알러지가 있어요.

**Jag är allergisk mot....**

야 에 알레긱 못


~가 아파요.

**Jag har ont i ...**

야 하 온트 이

감기/ 콧물/ 열/ 오한이 있어요.

**Jag har hosta / rinnande näsa / feber / frossa.**

야 하 호스타　 린난데 나사　 페버　 프로샤

설사해요.

**Jag har diarée.**

야 하 디아레

두통/ 복통/ 치통이 있어요.

**Jag har huvudvärk / magvärk / tandvärk.**

야 하　 후브드박　 마ㄱ박　 탄박

목이 부었어요.

**Jag har ont i halsen.**

야 하 온트 이 할센

어지러워요.

**Jag känner mig yr.**

야 센너 믹 위

코가 막혔어요.

**Jag är täppt i näsan.**

야 에 타벳 이 나산

앰뷸런스를 불러주세요!

**Ring en ambulans!**

링 엔 엠부란스

## 신체

| 가슴 | bröst | 손 | hand |
| --- | --- | --- | --- |
| 귀 | öra | 손가락 | finger |
| 눈 | öga | 손목 | handled |
| 다리 | ben | 신체 | kropp |

| | | | |
|---|---|---|---|
| 등 | rygg | 어깨 | skuldra |
| 머리 | huvud | 얼굴 | ansikte |
| 머리카락 | hår | 이마 | panna |
| 목 | hals, nacke | 입 | mun |
| 무릎 | knä | 치아 | tänder |
| 발 | fot | 코 | näsa |
| 발가락 | tår | 턱 | haka |
| 발목 | vrist | 팔 | ärm |
| 배 | mage | 팔꿈치 | armbåge |
| 배꼽 | navel | 피부 | hud |
| 뺨 | kind | 허벅지 | lår |

# 21 긴급

도와줘요!

**Hjälp!**

## 21 긴 급

도와줘요!

**Hjälp!**

얄프


조심해!

**Var försiktig!**

바 포식틱


불이야!

**Det brinner!**

뎃 브린너


멈춰요!

**Stanna!**

스탄나

## 빨리요!

**Skynda dig!**

휜다 디

## 경찰!

**Polis!**

폴리

## ~을 놓고 왔어요.

**Jag glömde ...**

야 그룀드

## ~을 잃어버렸어요.

**Jag har tappat min ...**

야 하 타팟 민

## 제 ~을 찾으셨나요?

**Hittade du min ...?**

힛타데 두 민

제 ~가 도둑 맞았어요.

**Min ... har blivit stulen.**

민    하 블리빗 스투렌


경찰을 불러요!

**Ring polisen!**

링 포리센


나는 무죄입니다.

**Jag är oskyldig.**

야 에 오휘디


변호사를 불러주세요.

**Jag vill ha en advokat.**

야 비 하 엔 아드보캇

## Appendix 발음

### 1. 알파벳

| | | | |
|---|---|---|---|
| a (아) | i (이) | q (큐) | y (위) |
| b (베) | j (지) | r (아ㄹㄹ) | z (세타)* |
| c (세) | k (코) | s (에스) | å (오) |
| d (데) | l (엘) | t (테) | ä (애) |
| e (에) | m (엠) | u (유) | ö (외) |
| f (에프) | n (엔) | v (베) | |
| g (게) | o (오) | w (두블르베아) | |
| h (호) | p (페) | x (엑스) | |

\* 외래어에서만 쓰인다.

## 2. 발음

### 1) 주의해야 할 모음 발음

스웨덴어의 모음은 강모음 a, o, u, å와 약모음 e, i, y, ä, ö의 두 부류로 나눌 수 있다. 단자음 앞의 단모음은 길게 발음하고 복자음이 올 경우 모음은 짧게 발음한다. 이 경우, 복자음에 강세가 들어간다. 자음 없이 모음으로 끝나는 경우도 길게 발음한다.

예) 길게 발음하는 경우: glas(그라-스), ta(타-)
짧게 발음하는 경우: glass(그라ㅅ)

å: 입을 동그랗게 오므린 상태에서 '오' 발음.

ä: 한국어의 '아' 와 '애'의 중간발음이다. 힘을 빼고 e를 발음하는 혀의 위치에서 a를 발음 할 때처럼 조금 더 입을 크게 벌려 발음한다.

ö: 한국어의 '외'와 비슷한 발음이지만 e의 혀

위치에서 o를 발음할 때처럼 입을 동그랗게 오므려 발음한다는 점에서 차이가 있다.

u: u가 단어 처음에 올 때는 '우', 중간에서는 '위'로 발음한다.

y: 한국어의 '위'와 '이'의 중간 발음. i의 혀 위치에서 u를 발음하듯 입을 동그랗게 오므려 발음한다.


## 2) 주의해야 할 자음 발음

자음 중에 강모음 a,o,u,å 등과 쓰이면 영어의 알파벳 발음과 유사하나 약모음 e,i,y,ä,ö와 같이 쓰이면 발음이 달라지는 자음이 있다.

g: 자음 j 및 약모음 e, i, y, ä, ö와 쓰이면 '이(j발음)'로 발음한다. 또한 앞에 l이나 r이 오는 경우, g는 묵음 처리가 되며, 비슷하게 ng의 경우 '응' 발음이 난다. 반대로 gn의 경우 g 발음이 살아 있어

'근(느)'와 같이 발음해야 한다.

예) gjord(요드) 만든, igen(이엔) 다시, berg(베리) 산, helg(헬)주말, många(몽야) 많은, regn(랭근(느)) 비

k: 자음 j 및 약모음 e, i, y, ä, ö와 쓰이면 '쉬' 발음. 참고로 복모음 'rs' 또한 같은 '쉬' 발음이다. (r 발음 참조) 복모음 kn의 경우, gn과 비슷하게 '크(니)'와 같이 k 발음을 살려서 소리 낸다.

예) kemikalie (쉐미칼리에) 화학의, kyss(쉬스) 키스, knyta(크뉘타) 묶다, knacka(크나캬) 두드리다

c: 강모음 a, o, u, å와 쓰이면 '크(k)' 발음이나 약모음 e, i, y, ä, ö와 쓰이면 '스(s)' 발음이 된다. 복모음 ch는 '후'로 발음된다.

예) cup(쿱프) 컵, center(센테ㄹ) 센터, choklad(후클라드) 초콜렛, chef(훼프) 요리사

j: 단자음으로 '이' 발음이 난다. 앞에 d, g, h, l이 와서 dj, gj, hj, lj가 되는 경우는 앞의 자음이 무음화 되어 '이/야'로 소리 난다. (단, dje는 '제'로 발음)

또한 앞에 k와 t가 와서 kj, tj가 되는 경우는 '쉬' 발음(k 발음 참조)이 난다. 앞에 st, s가 와서 sj, stj가 되는 경우는 '후'로 발음이 난다. (ch, sch, sk 발음 참조)

예) jobb(욥) 일, just (유스트) 단지, gjorde(요르데) 했다, hjälpa (얠파) 돕다, djur(유르) 동물, kjol(숄) 스커트, tjock(쇼크) 두껍다, sju (휘) 7, stjärna(훼아나) 별

s: 복모음 ts는 '츠'로, rs는 '쉬'로 발음된다. sk(+약모음), sj, sch, stj 는 '후'로 발음된다. 참고로 복모음 ch도 마찬가지로 '후'로 발음한다.

예) plats(플라츠) 장소, person(퍼숀) 사람, kors(코쉬) 크로스, sked(휘에드) 스푼, skina(휘-나) 빛나는, sjuk(휘크)아픈, sky(휘) 하늘, schack(확ㅋ)

체스

* sion, tion, xion: '훈'으로 발음된다.
  vi**sion** (비훈) 시야, sta**tion**(스타훈) 역